DÉSERT LIVRE DE COLORIAGE

Copyright © 2021 Katrin Stark

Ce livre appartient à:

PAGE DE TEST DE COULEUR

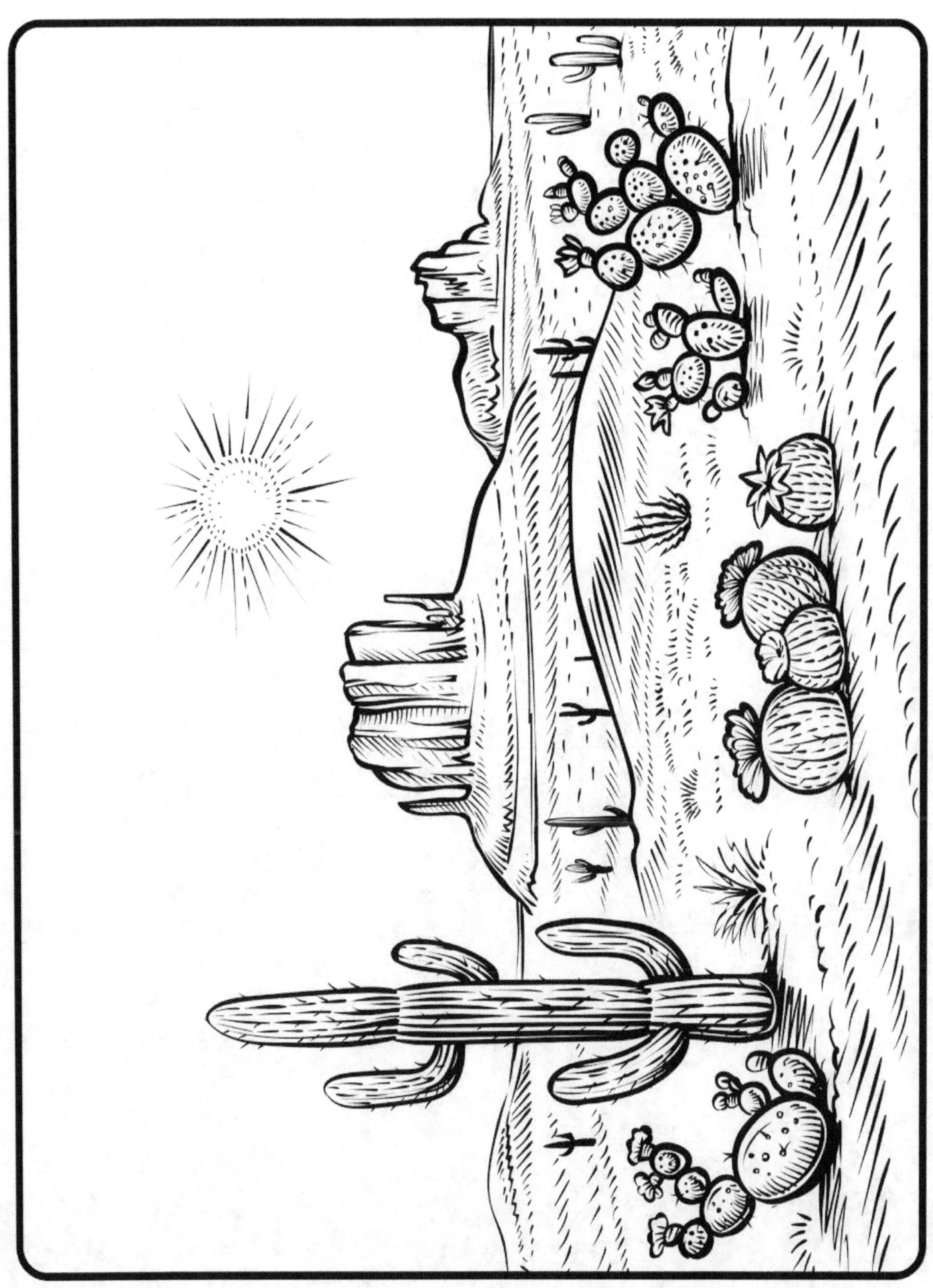

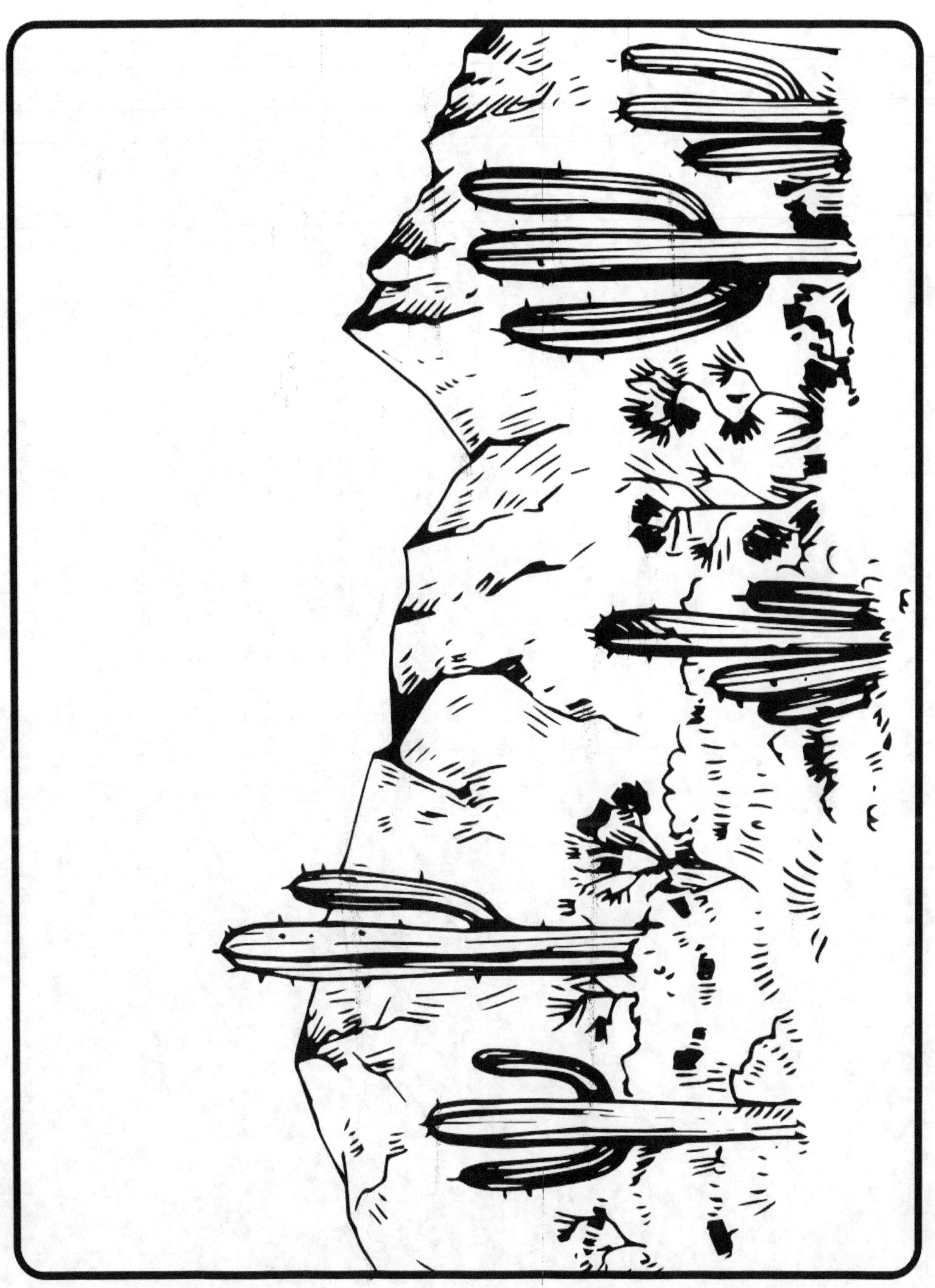

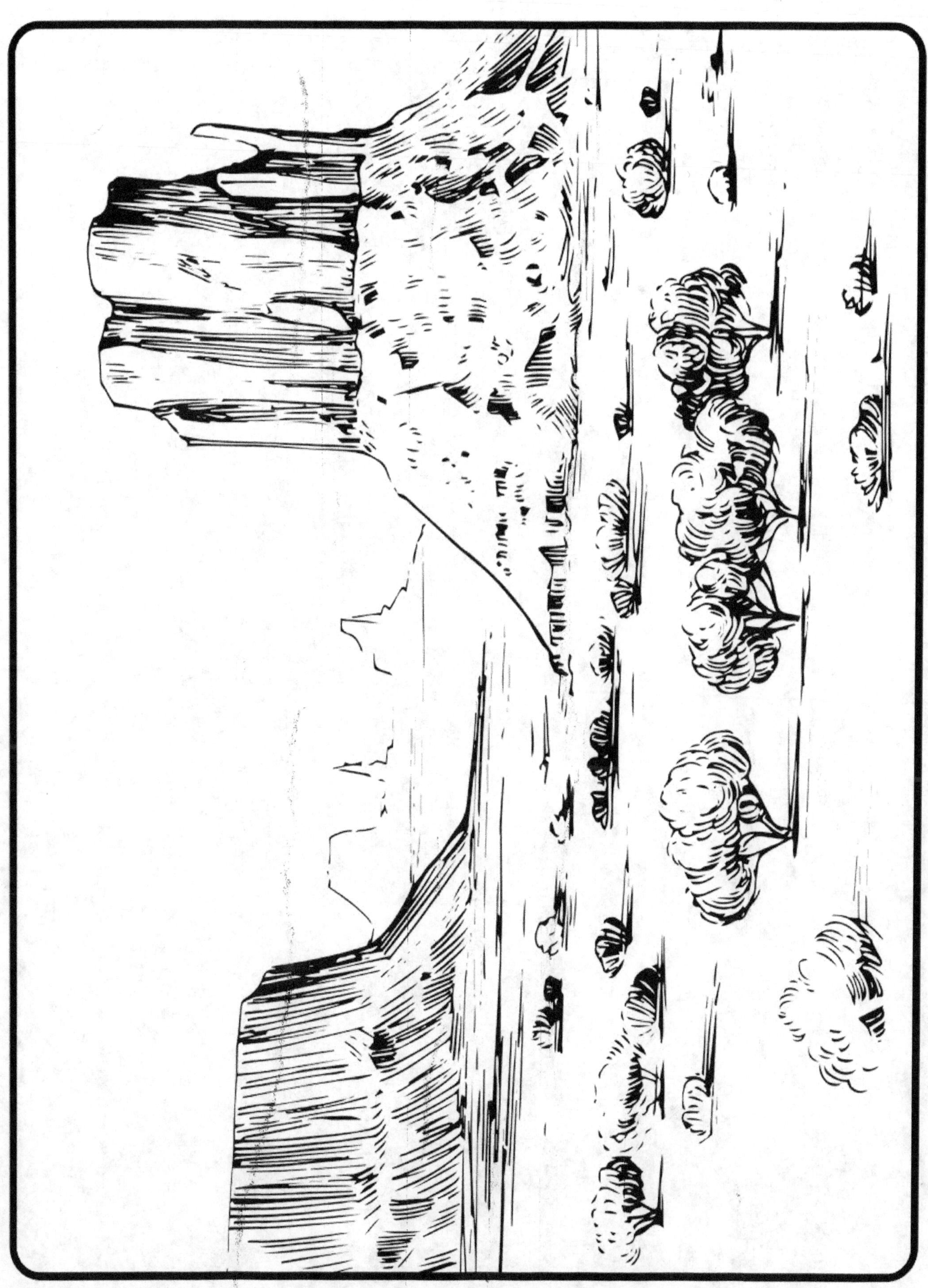

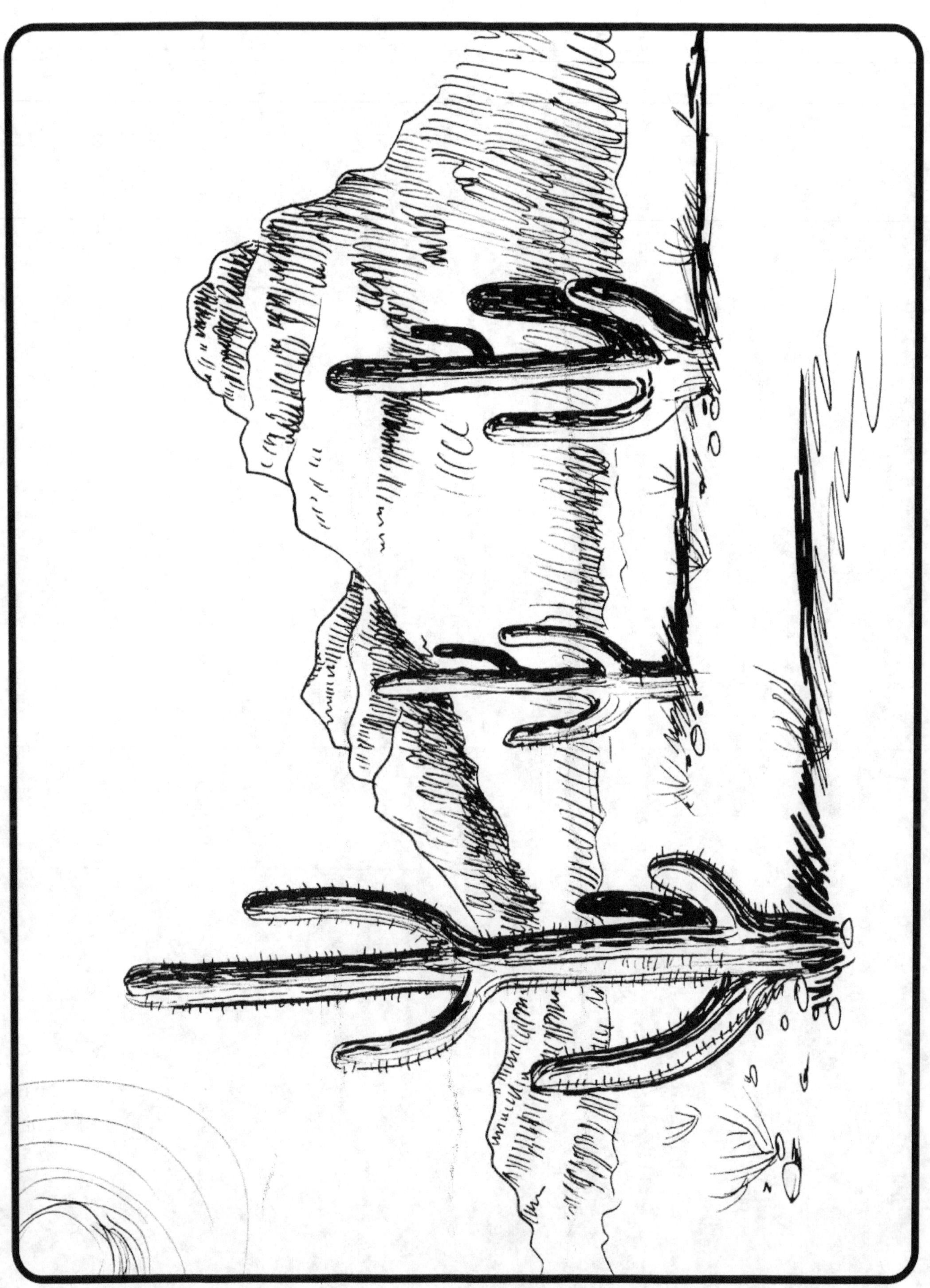

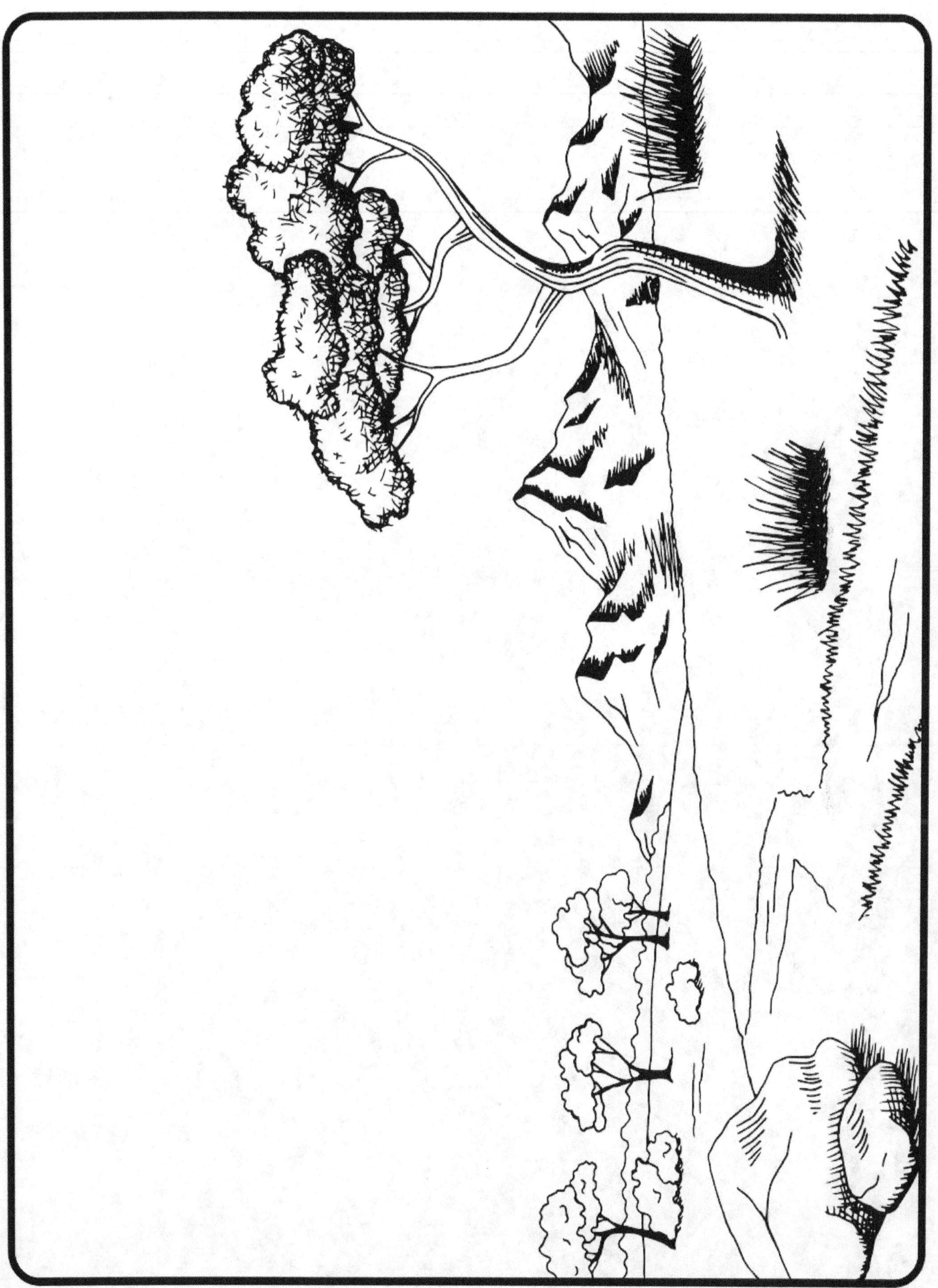

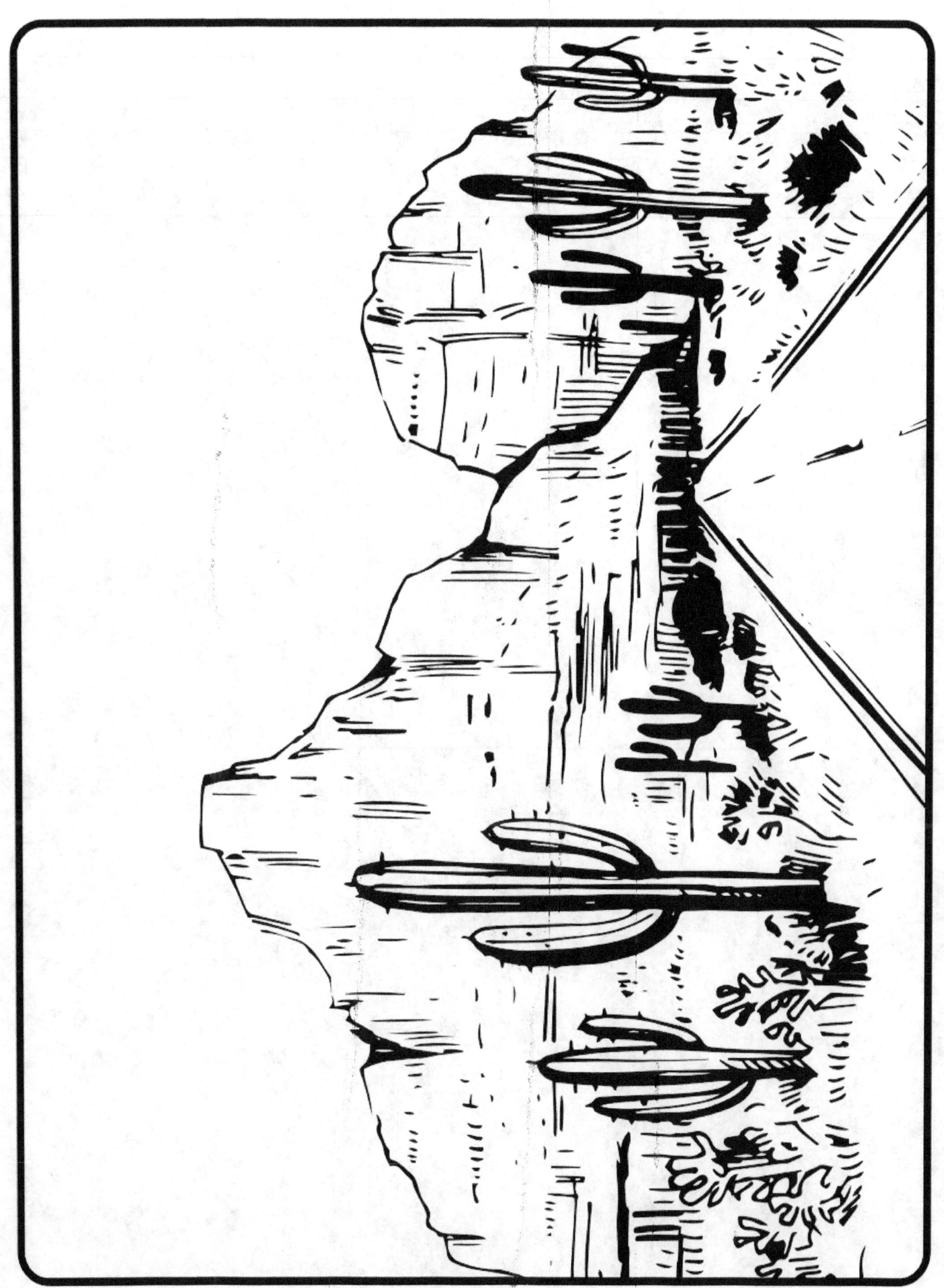

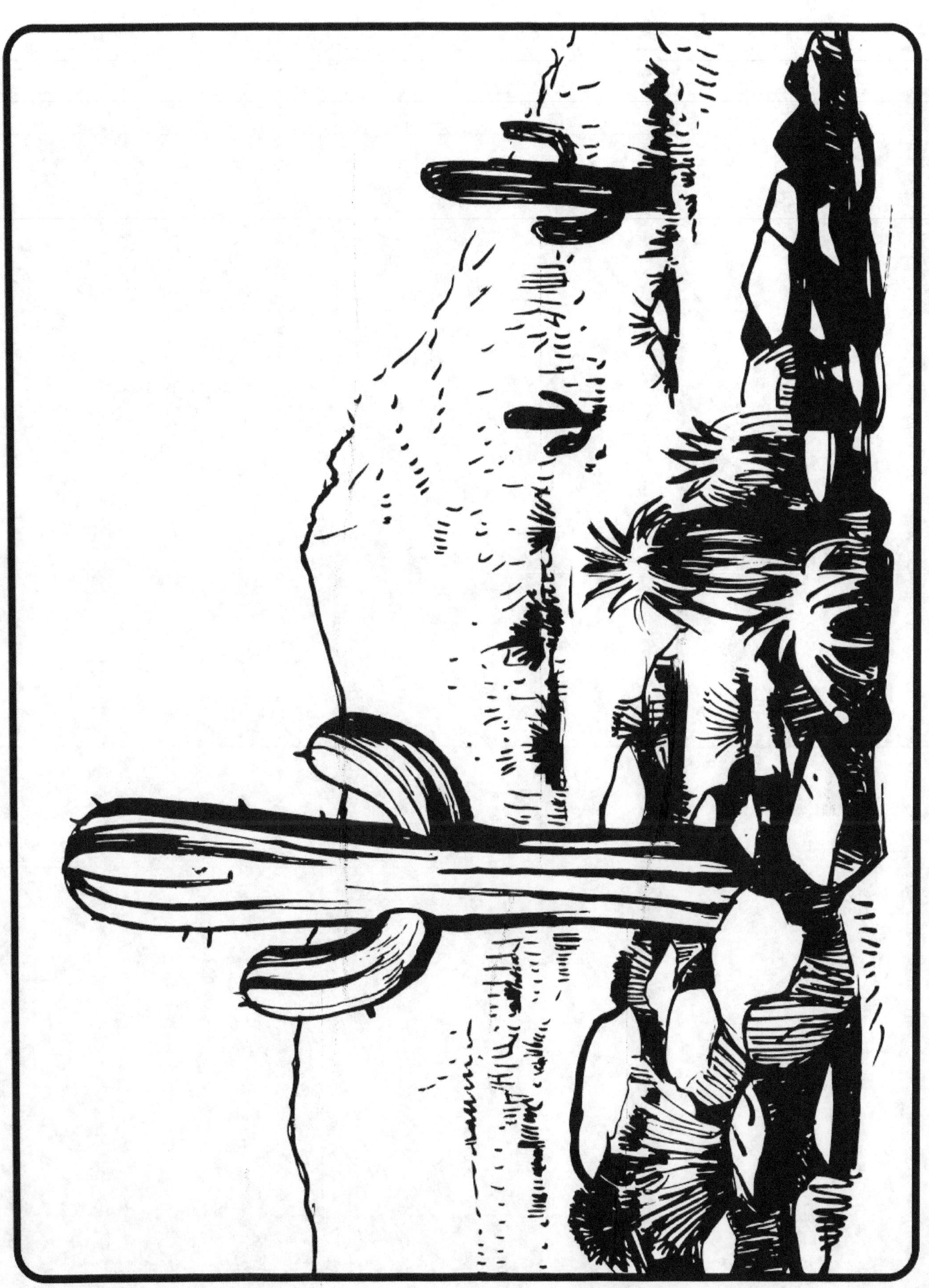

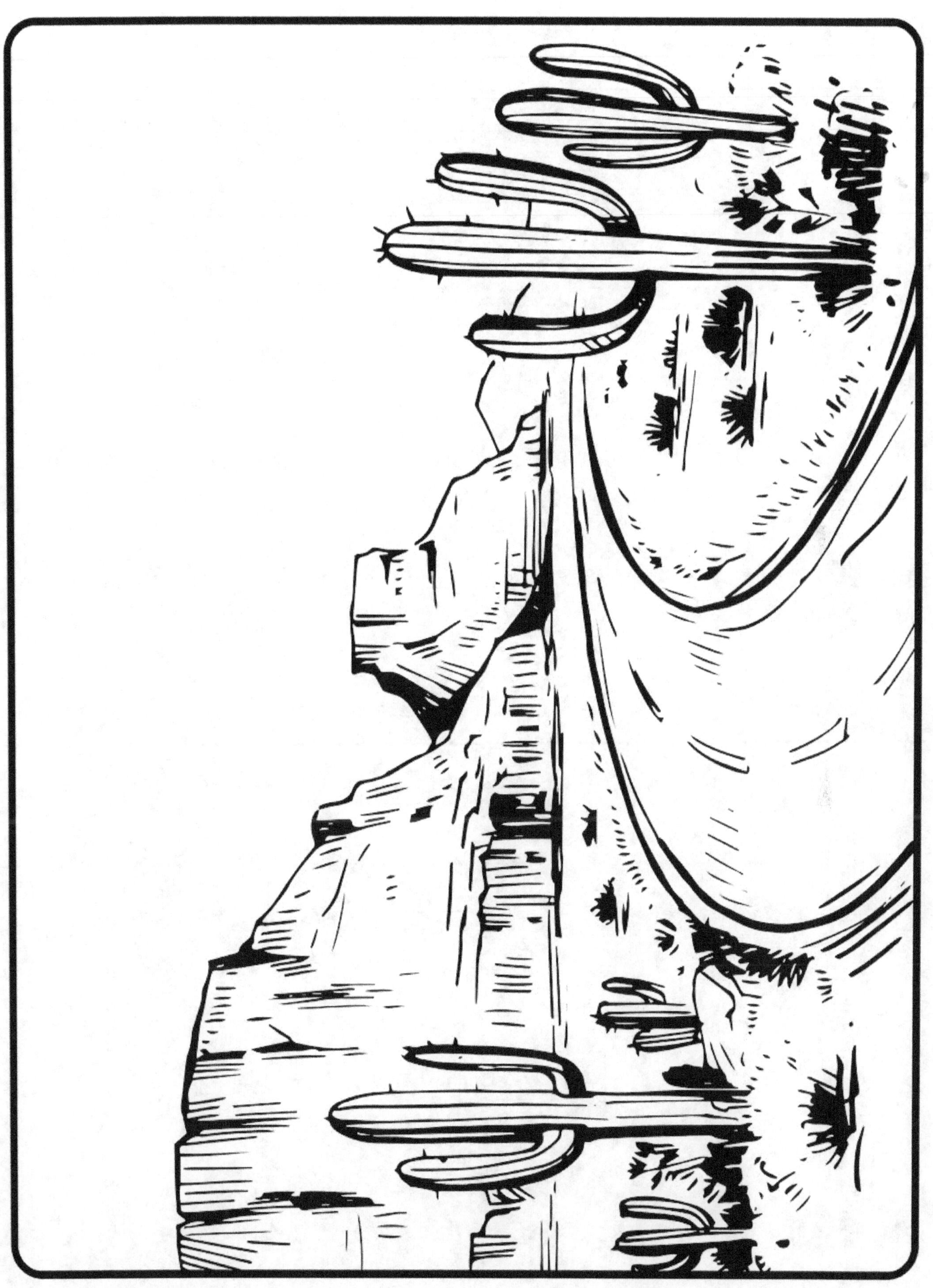

Merci d'avoir acheté ce livre

Si vous aimez le livre, pensez à laisser un commentaire,
cela aidera l'auteur à créer de meilleurs livres à l'avenir.

www.amazon.fr/Katrin-Stark

OU SCANNEZ AVEC LE CODE QR